ÉTUDE D'HISTOIRE DU DROIT

TRANSFORMATION

DU

SERVAGE DANS LA MARCHE

*Depuis la rédaction de la Coutume (1521)
jusqu'à la Révolution*

PAR FERNAND AUTORDE

Archiviste de la Creuse

GUÉRET

IMPRIMERIE P. AMIAULT, 3, RUE DU MARCHÉ

1891

LE SERVAGE DANS LA MARCHE

depuis la publication de la Coutume, jusqu'à la Révolution (1).

Mémoire communiqué, le 23 mai 1891, au Congrès des Sociétés savantes de province à la Sorbonne.

L'année 1521, date de la publication de la Coutume de la Marche, ouvre la période à laquelle se réfèrent les observations et les faits consignés dans ce mémoire. Sur les temps qui précèdent, les documents trop rares et peu explicites qui nous sont connus ne permettent pas, sans danger pour l'intégrité de la vérité historique, de vouloir reconstituer la physionomie du servage spéciale à la province, moins encore de suivre, dans ses diverses phases, une évolution qui

---

(1) Outre la Coutume, dont on trouvera le texte sans variantes dans divers recueils, deux publications surtout sont utilisées dans le cours de ce mémoire ; il y sera renvoyé dans les notes, au fur et à mesure des besoins, par une courte mention. Voici, une fois pour toutes, le titre complet de ces ouvrages : 1º COUTUMES DE LA PROVINCE ET COMTÉ PAIRIE DE LA MARCHE... *avec des observations essentiellement utiles pour les comprendre, par* M. COUTURIER DE FOURNOUE, *écuyer, .. procureur du Roy au Présidial et Sénéchaussée de la Marche ; à Clermont-Ferrand, chez Pierre Viallanes,* M. DCC. XLIV ; 1 vol in-8º. — 2º INVENTAIRE SOMMAIRE DES ARCHIVES DÉPARTEMENTALES DE LA CREUSE *antérieures à 1790 :* 1º *Archives civiles, séries* C, D *et* E (première partie), par MM. A. BOSVIEUX, A. RICHARD, L. DUVAL et F. AUTORDE ;. *Paris, P. Dupont,* 1885 : 1 vol. in-4º ; — 2º *Archives ecclésiastiques, série* H (en cours de publication).

a demandé près de dix-huit siècles pour transformer l'esclave de l'antiquité en libre citoyen de notre société moderne (1).

L'apparition de la Coutume éclaire tout à coup la question d'une vive lumière. De plus, à partir de la même époque, pour compléter et contrôler les indications de ce document, qu'il faut bien se garder d'interpréter dans la rigueur de sa formule littérale, nous possédons, en grand nombre, des minutes de tabellions et des actes variés de l'ancienne procédure, qui déjà était arrivée à l'apogée de son développement.

La Marche est au nombre des provinces qui ont eu le peu glorieux privilège de conserver jusqu'au terme de l'ancien régime l'usage des servitudes. Le fait échappe à toute discussion. Mais il n'en est pas de même pour une doctrine qui tend à montrer ce pays comme un de ceux où la condition servile comportait les obligations les plus dures, et où l'action bienfaisante du temps s'était le moins efficacement fait sentir. Dans ce système, jusqu'à la Révolution, le droit de poursuite serait demeuré inscrit dans la Coutume et aurait été appliqué sans ménagements (2). Un homme libre aurait pu, par oblation, rendre sa

---

(1) Nous ne renonçons pas cependant à poursuivre nos recherches, et nous avons l'espoir de pouvoir, un jour, embrasser le sujet depuis ses origines, sans sortir du cadre local Nous tenons à remercier d'avance M. L. Duval, notre prédécesseur, aujourd'hui archiviste de l'Orne, des grands services que nous rendra, pour ce travail, sa remarquable publication sur les CHARTES COMMUNALES de la Creuse.

(2) Vᵣ *Précis de l'histoire du Droit Français* (Sources — droit privé), par Paul Viollet ; Paris, L. Larose et Forcel, 1886 ; p. 269-270. — Nous citons textuellement : « *Droit de poursuite. Sens rigoureux du mot.* — Dans les derniers siècles de l'ancien régime, la plupart des serfs jouissaient de la liberté matérielle d'aller et de venir, mais en quelque lieu qu'ils allassent, leur personne était toujours obligée selon la condition de la servitude : c'est ce que proclame un jurisconsulte du XVᵉ siècle. Toutefois quelques serfs restaient assujettis à la terre à ce point que, s'ils quittaient le lieu de la main-morte, le seigneur pouvait les forcer à y revenir ; c'est ce qu'on appelait *le droit de suite* ou de *poursuite* : application rigoureuse du principe formulé en ces termes par le droit romain : « *Semper terræ inhœreant quam semel colendam patres eorum susceperunt.* » Ce *droit de poursuite* subsista jusqu'à la fin de l'ancien régime, *très clairement* inscrit dans les coutumes de Vitry, de Bar, de la MARCHE ; il apparaît moins nettement dans quelques autres Coutumes. » ·

On rencontrera dans le cours de ce mémoire différents faits qui

personne serve, sous la seule obligation de livrer un bien immobilier avec elle (1). Malgré la haute autorité qui couvre cette opinion, la parfaite et invariable concordance des textes que nous mettons ici en œuvre ne nous permet pas de nous y rallier.

Le chapitre de la Coutume qui traite de la condition servile s'ouvre par cette déclaration de principe : « En la Marche, toutes personnes

établissent que le droit de poursuite ne s'exerçait pas dans la province de la Marche. Au surplus, l'article 145 de la Coutume est formel sur ce point ; en voici le texte : « l'homme tenant héritage serf ou mortaillable qui a payé ses droits et devoirs doit être reçu à gurpir et délaisser l'héritage qu'il tient en l'une des dites conditions ; et après la gurpie ou quittance reçuë par le seigneur, IL N'A AUCUNE POURSUITE sur la personne dudit homme, ses enfans, ni ses autres biens. »

(1) Vr même ouvrage, p. 274. On y lit : « A la veille même de la Révolution, les jurisconsultes enseignent encore que dans la MARCHE, dans la Bourgogne et la Franche-Comté, un homme libre peut se rendre serf en main-mortable par convention expresse et à la condition de livrer avec sa personne un immeuble. »
Cette phrase n'est pas l'expression rigoureuse de la vérité. L'asservissement de la terre — nous ne nous prononçons ici que pour la province de la Marche — y est à tort confondu avec celui de la personne. L'erreur peut provenir d'une fausse interprétation de l'art. 125, qui, il faut le reconnaître, n'est pas exempt d'ambiguïté. On y lit : « audit pays peuvent faire LES HÉRITAGES SERFS, en autres deux « manières ; c'est a sçavoir quand aucun a reconnu estre serf d'aucun « homme lay ou mortaillable d'aucune église *jure constituti*, en as- « servant quelque héritage, » etc. La suite de l'article indique la prescription comme seconde manière de rendre serf un héritage. — Le sens véritable de l'art. 125, dont il vient d'être donné un extrait, est mis en lumière par son rapprochement avec l'art. 123, dont voici la reproduction textuelle : « En la Marche, toutes personnes sont « franches et de franche condition, et ceux qui sont nommez et reputez « serfs et mortaillables audit païs, *c'est à cause des héritages qu'ils* « *tiennent et possèdent, quand lesdits héritages sont de ladite condition* « *serfve ou mortaillable.* » Couturier de Fournoue, commentant cet article fait remarquer avec raison « que les droits de servitude ou de « mortaillable condition n'affectent que les héritages et non les per- « sonnes, lesquelles en cette province de la Marche naissent et vivent « libres, et tels que ceux qui par le droit romain étoient appelez « *ingenui...* » (p. 76-77). Tout au plus, selon nous, était-il possible d'affecter un immeuble de la condition servile par la convention. Le cas, au surplus, devait être fort rare dans les derniers siècles de la monarchie ; nous n'en avons, quant à nous, jamais rencontré d'exemple.
La distinction entre le servage d'héritage et le servage de personne est exposée plus loin dans le cours de cette étude.

sont franches et de franche condition. » Cette maxime, comme on a dit de celle conçue en des termes analogues que rapporte Loysel, n'est pas la banale affirmation de la disparition définitive de l'esclavage. Manifestement, l'intention du législateur allait bien au delà ; et d'ailleurs, de l'ensemble des textes sur la matière, il résulte clairement qu'il vise la suppression de la servitude de corps en l'opposant à la servitude d'héritage. De leur côté, les éditeurs de la Coutume s'en expriment plus nettement encore. A diverses reprises ils reviennent sur la question, et, comme ils peuvent observer par eux-mêmes l'application, dans un pays voisin, des lois de la servitude de corps, ils s'étendent complaisamment sur les très notables différences qui séparent entre elles les deux conditions (1).

La commune opinion n'accorde pas aujourd'hui une aussi grande importance à la distinction des serfs en deux catégories (2) ; en outre, la langue courante pousse encore à la confusion. Les mots serf et mortaillable sont généralement employés l'un pour l'autre, sans souci de la différence d'acception qui pouvait les séparer à l'origine. Il semble pourtant qu'une classification préalable des serfs, en serfs de corps ou serfs proprement dits, d'une part, et en mortaillables ou serfs d'héritage, d'autre part, est indispensable, dans une étude analytique, pour la parfaite intelligence des faits et leur saine appréciation. Dans la succession des temps, le servage de la terre ne vient évidemment qu'après le servage de l'homme ; peut-être

(1) Voici, entre autres, une remarque de Couturier de Fournoue puisée dans les commentaires de l'art. 132 : « Enfin, quoique le sujet tienne et possède l'héritage de serfve ou mortaillable condition, comme les droits et devoirs réels, dont l'héritage est tenu ou auquel il est assujeti par la coutume, ne regardent que le seigneur, il y a lieu de dire qu'en toutes occasions où ces droits seigneuriaux ne sont pas intéressez, le sujet, qui est personnellement de libre et franche condition, est en droit d'user du droit commun et de pouvoir dire à tout autre qu'au seigneur, *quantum ad te liberas œdes habeo.* »

(2) *Précis de l'histoire du Droit français* par P. Viollet : « *Synonymes des mots* SERF *et* SERVAGE. — Le mot *serf* est quelquefois « remplacé par des expressions synonymes ; j'indiquerai ces deux « expressions : *homme de corps, main-mortable* »... Et plus loin : « On « distingue quelquefois : 1º les *Serfs de corps ;* 2º les *Serfs d'héritage* « appelés aussi plus spécialement *main-mortables* ou *mortaillables,* » p. 271.

l'un procède-t-il de l'autre. Dans tous les cas, le premier marque un grand progrès sur le second. Enfin les différences qui séparent les deux conditions établissent nettement que c'est à deux principes distincts qu'elles doivent leur origine.

Le serf de corps est le véritable serf. Jusqu'à la fin, il reste le descendant reconnaissable de l'esclave primitif. Les liens qui le rattachent à son seigneur ont pu, avec le temps, devenir de moins en moins étroits, mais le propre de certains droits auxquels il demeure assujetti est de lui rappeler qu'il n'a pas la libre disposition de sa personne. Sa dépendance vis-à-vis du maître n'est la compensation d'aucun avantage qui lui ait été promis. L'obligation est unilatérale. Le serf est tenu de charges variées envers son seigneur, et celui-ci ne lui doit rien en retour. Le principe de la servitude, il l'a reçu de son auteur avec la vie ; de même, il la transmettra à ses enfants. Seul, l'affranchissement peut le relever de sa déchéance. Un tel homme est taillable « à mercy et volonté. » Il ne peut se marier sans le consentement du seigneur, et ce consentement, il ne suffit pas de l'obtenir, sous les noms divers de droits de *formariage*, de *corsage*, etc., il faut le payer en loyaux deniers, ou d'une redevance en nature, par exemple, une pièce de chair et 4 pains, comme cela se pratiquait en Berry (1). Le serf de corps n'est pas admis à témoigner en justice pour ou contre son seigneur (2). En quelque lieu qu'il se trouve, quelque soit le délai écoulé depuis leur échéance, les taxes auxquelles il est soumis ne cessent jamais d'être exigibles en vertu du droit de poursuite. Tel était, en substance, le régime servile dans le pays de Combrailles (3).

(1) *Inventaire des Archives départementales de la Creuse*, E. 778.

(2) *Coutume de la Marche*, art. 169 : « L'homme tenant héritage sert ne peut porter témoignage pour son seigneur, duquel il tient sondit héritage, mais si fait bien le mortaillable. »

(3) Couturier cite, comme exemple des conséquences de la servitude personnelle, un fait qui ne pouvait pas se produire sous le régime de la coutume de la Marche : « Nous avons, dit-il, p. 77, un exemple de « cette sorte de servitude personnelle en la personne du sieur Ribère « né en Combrailles, dans la directe et mouvance serfve des sieurs « chanoines réguliers de saint Augustin de la ville d'Evaux en Com- « brailles ; le sieur Ribère ne possédoit lors de son décès aucun des

Dans la Marche, au contraire, aucune de ces incapacités ne frappe le mortaillable ; il n'est assujetti à aucun des droits qui, par leur nature spéciale, ont leur principe dans la personne même du redevable. On conçoit donc que les jurisconsultes Marchois n'aient pas cessé de revendiquer la franche condition pour leurs compatriotes. De droit, aucun lien servile ne saurait préexister entre un habitant de la province et un seigneur ; ce lien ne peut se former que sur un bien immobilier, qui sert d'intermédiaire : le seigneur gardera la nue propriété, et, moyennant le paiement d'une rente et la prestation de certaines corvées (1), laissera la possession de la terre au tenancier. Cette situation fera naître entre les parties des obligations réciproques dont chacune d'elles sera tenue aussi étroitement que l'autre. Il se trouve même que, sur un point important, une situation privilégiée est accordée au mortaillable. La facilité lui est laissée d'abandonner l'héritage qu'il tient en serve condition, pourvu qu'il ait acquitté ses charges, et le seigneur, au contraire, ne peut l'en chasser (2). Pour bien faire comprendre la nature de ce contrat, on peut le comparer à un

« anciens héritages de sa famille, il s'étoit établi dès long-tems en la
« ville de Bourges, où il étoit devenu professeur en droit dans l'uni-
« versité, et y étant mort sans enfans, sa succession fut vendiquée
« par lesdits sieurs Chanoines réguliers d'Evaux, et elle leur fut ad-
« jugée après avoir prouvé de leur part que ledit sieur Ribère étoit
« leur serf d'urine (origine), c'est-à-dire qu'il avoit pris naissance dans
« un lieu dépendant de leur servitude. »

(1) Il faut distinguer dans les obligations dont est tenu le mortaillable deux parties : la première constitue, à proprement parler, la rente ou prix de location de l'immeuble, et, conséquemment, est proportionnée à son importance ; elle se compose généralement de redevances en argent, grains, animaux de basse-cour et objets de consommation. La seconde partie, qui a sa raison d'être et sa cause juridique dans la condition servile de la terre, est une sorte de droit fixe établi par unité d'héritages, indépendamment de leur plus ou moins grande valeur. Ce droit se composait généralement de la taille aux quatre cas, l'arban (une journée d'homme par semaine), la vinade (obligation d'aller chercher le vin du seigneur dans un vignoble d'une province voisine de la Marche), enfin d'une poule de rente. Indépendamment des règles tracées sur la matière par la coutume, on tenait compte des usages locaux : par exemple, en certains endroits, les mortaillables étaient tenus de conduire une buche à leur seigneur pour la fête de Noël.

(2) *Coutume de la Marche,* art. 145.

bail à perpétuelle durée, résiliable chaque année au gré du preneur. Cette possibilité pour le mortaillable de recouvrer son indépendance, par le seul fait de sa volonté, est le côté vraiment caractéristique de sa condition. Un acte d'affranchissement proprement dit ne saurait être passé au profit d'un mortaillable. La dispense d'acquitter certaines charges ou le pouvoir de disposer pleinement de la terre, qu'on lui accorderait, constitueraient, de leur nom véritable, une donation. On rencontre bien, dans les archives de la Creuse, un acte de 1603 où il est vaguement question d'affranchir ; mais il ne faut y voir qu'une cession à titre onéreux. En effet, le seigneur y décharge son tenancier des rentes, arbans (1), vinades et autres droits dont il est tenu sur les héritages qu'il possède en serve condition, mais il stipule en même temps une rente annuelle de 11 deniers et le paiement immédiat d'une somme de 150 livres (2). Avec de semblables clauses, l'acte est un contrat de vente.

Le mot affranchissement ne se rencontre jamais dans le texte de la Coutume, tandis que de fréquents passages reconnaissent explicitement au mortaillable la liberté : « *s'il veut*, porte l'article 143, et « voit que l'héritage ne vaille les charges, il le peut quitter et « délaisser en payant les rentes et droits échus. »

En droit pur, la condition mortaillable ne se reçoit pas par origine ; elle naît, pour ainsi parler, avec la saisine de l'héritage serf. Et en effet, si un chef de famille, abandonnant sa tenure, recouvre l'indépendance, ses enfants, qui n'auront jamais été les possesseurs légaux de l'immeuble, n'auront ainsi à aucun degré subi la servitude. Cette doctrine paraît bien avoir été couramment adoptée en droit canon, dans le diocèse de Limoges. Il n'est pas douteux que le nombreux clergé des paroisses rurales, curés, vicaires et prêtres communalistes, se recrutait, en plus ou moins grande partie, dans les

(1) Le mot *arban* est encore usité : il désigne des corvées à bras, ou de bœufs ou de charrette, que des voisins et amis font gratuitement pour un propriétaire ou fermier, principalement pour l'aider à transporter des matériaux. L'obligé ne paie pas ceux qui viennent ainsi à son secours, mais les nourrit pendant toute la durée du travail. (Renseignement fourni par M. *Martinet, président de la Société*).

(2) *Archives départementales de la Creuse*, E. 998.

familles de mortaillables; or, aucune preuve ne nous est parvenue que les clercs de cette origine aient eu, avant d'être admis aux ordres, à se relever d'une indignité.

Le fait de naître libre pouvait, dans bien des cas, faciliter aux enfants le moyen de sortir de la condition inférieure de leurs parents. Sans doute, le plus souvent, les générations se succédaient toujours fidèles à la terre qu'avaient cultivée les ancêtres, mais on reconnaît parfois aussi qu'une parenté étroite unissait les mortaillables à des gens de qualité. On voit, par exemple, un châtelain royal de la ville d'Ahun, sieur de Matribus, soutenir un procès contre les religieux du Moutier-d'Ahun qui avaient pris possession de la succession de son frère, décédé mortaillable de l'abbaye (1).

La convention est le véritable principe de la condition mortaillable. L'analyse nous la montre dans les acquisitions d'immeubles, les aditions d'hérédité, enfin, indéfiniment renouvelée par tacite reconduction, dans les arrentements perpétuels. La convention, au surplus, ne saurait en aucun cas établir la servitude personnelle que la coutume interdit comme contraire au statut local et partant à l'ordre public. La prescription est sans doute aussi acceptée théoriquement comme pouvant amener ou plutôt faire reconnaître la servitude de la terre, mais c'était d'abord sans préjudice du droit commun de déguerpissement, et il est acquis, en outre, qu'elle ne servait pas habituellement de base aux revendications. Pour sa part, Couturier de Fournoue, qui, en qualité de Procureur du Roi au siège presidial de Guéret, devait être bien renseigné, déclare n'en avoir jamais rencontré d'exemple : « nous n'avons point encore vu aucun cas, « dit-il, où le seigneur aye prétendu la servitude d'un héritage par « la seule prescription (2). »

Moins encore que les liens de droit qui l'obligent envers le

(1) Le 16 mars 1679, les religieux sont envoyés en possession des biens que le « sieur Roudeau » mortaillable avait au tènement de Bordas, commune de Cressac; le frère du défunt, qualifié « noble Jean Roudeau, sieur de Matribus, châtelain d'Ahun, » voulant s'y opposer, un procès s'engage et se termine, le 2 janvier 1684, par une transaction. *Inventaire des Archives ecclésiastiques*, II. 103.

(2) Couturier de Fournoue, p. 80-81.

seigneur, les charges matérielles coutumières du mortaillable n'emportent par elles-mêmes nature de servitude. Nous avons vu qu'elles n'étaient pas sujettes au droit de poursuite, pour cette raison, disent les auteurs, qu'elles sont réelles « *et proinde rem sequuntur* (1). » D'autre part, les baux à temps limité passés entre hommes de franche condition stipulaient fréquemment au profit du propriétaire la vinade, la taille et la geline de rente, en un mot, l'ensemble des redevances dont était habituellement tenu le mortaillable (2). Aujourd'hui, l'expression de mortaillable éveille invariablement l'idée de déchéance et d'infériorité sociales. Peut-être est-ce à tort que cette généralisation se fait dans notre esprit, car on trouve des exemples de mortaillables appartenant à la noblesse. Or leurs titres n'étaient nullement imaginaires ; consacrés par une antique possession, ils avaient facilité aux membres de la famille l'accès des charges honorifiques et l'entrée dans les armes privilégiées (3).

Il est aisé de relever dans la Coutume des dispositions qui y ont été introduites avec l'intention évidente d'adoucir le sort des mortaillables. Cette faculté, par exemple, pour le sujet d'appeler son seigneur en justice et de traiter avec lui devant les tribunaux sur le pied de l'égalité constituait une précieuse garantie. De plus, le législateur, prévoyant avec raison que des considérations multiples pourraient fréquemment empêcher le tenancier d'user de cet avantage, par des mesures préventives, l'avait protégé contre sa faiblesse. C'est encore pour cette cause que l'exercice de certains droits exceptionnels avait été soumis à l'approbation préalable

(1) *Ibid.* p. 97.

(2) *Inventaire des Archives*, II. 107.

(3) *Inventaire des Archives de la Creuse*, E. 719 : « Assignation donnée à la requête de Jeanne-Flavie de Vertamont, abbesse de l'abbaye de Notre-Dame de la Règle, à Pierre Constans, le jeune, pour le contraindre à se désister de la jouissance des deux domaines de Vieilleville, paroisse de Moissanes, échus à ladite abbaye, par droit de mortaille, par suite du décès de François Trompaudon, écuyer, sieur du Rouzaud, mort sans enfants ni héritiers communs. » Voir sur la famille Trompaudon le *Nobiliaire du Limousin* et l'*Inventaire des Archives*, E 1100 et 1101. — Autre exemple de mortaillable noble, *Inventaire des Archives*, II. 114 *[in fine]*.

des magistrats (1). Dans les quatre cas où elle peut être levée, la taille ne devient exigible qu'après que l'état des taxes a été homologué par le tribunal du ressort. La taille ne peut en outre être imposée qu'à volonté raisonnable, *arbitrio boni viri,* et sans exposer les débiteurs à la misère, *deducto ne egeant* (2). Le seigneur aussi ne disposera des corvées que pour son usage ; il lui est interdit, pour en tirer profit, de les louer à des tiers (3). Si un mortaillable, poussé par l'imprudent espoir de trouver ailleurs une condition plus douce, a déserté son héritage, le pouvoir lui est conservé, pendant 30 ans, de revenir en prendre possession ; et, pourvu qu'il acquitte l'arriéré des charges, « ne peut le seigneur y refuser (4). » Dumoulin va jusqu'à prétendre que, dans un cas particulier, l'équité est rompue en faveur du mortaillable ; celui-ci doit, au moins une fois dans sa vie, « faire montre à son seigneur de l'héritage qu'il tient de lui. » Or les frais de cette formalité sont laissés à la charge du seigneur. L'illustre jurisconsulte voit dans cette disposition une atteinte aux règles courantes de la justice. Il voudrait que ces frais, comme dans le cas de titres nouvels et de rentes constituées, fussent supportés par le débiteur de la redevance (5).

On peut se rendre compte aisément par ce qui précède de l'incontestable supériorité morale de la condition servile, telle que l'avait organisée la Coutume, sur le servage des premiers siècles du moyen âge. Une révolution considérable sur les points qui touchent au respect de la dignité humaine s'était accomplie.

La publication de la Coutume ne fut guère que la consécration officielle d'une législation depuis longtemps adoptée (6). Le procès-

---

(1) *Coutume de la Marche*, articles 128, 142, 149, 155, 156.

(2) *Ibid.,* art. 128, 129.

(3) *Ibid.,* art. 165.

(4) *Ibid.,* art. 170.

(5) *Ibid.,* art. 176. — Couturier de Fournoue, p. 115-116.

(6) *La Rédaction de la Coutume de la Marche,* par L. Lacrocq ; chez P. Amiault, à Guéret, 1890. — Six articles seulement auraient fait l'objet d'une discussion, et tous sont étrangers aux questions de servage.

verbal de rédaction en fait foi ; on y voit que les Commissaires
n'apportèrent que des modifications peu importantes, et qu'il n'y eut
discussion que sur quelques points de détail. La Marche, dont l'histoire, pour de longues périodes, est liée à celle du Midi, pouvait
avoir subi l'influence de cette contrée où l'esclavage était moins
répandu que dans le Nord de la France. Il est d'ailleurs à remarquer
que les actes d'affranchissement qui sont conservés dans le dépôt
des Archives départementales de la Creuse intéressent exclusivement
le Berry ou le pays de Combrailles (1).

Quoi qu'il en soit, les adoucissements apportés de bonne heure
dans la province de la Marche à la condition servile peuvent être
considérés comme la cause qui maintint le régime dans une immo-
bilité presque complète pendant de longs siècles. Les documents
permettent de constatater que la nomenclature des charges des
mortaillables se reproduit, à 3 ou 400 ans de distance, sans la plus
légère modification (2). Il était donc arrivé que l'institution, pour ainsi
dire épurée, ne révoltait plus aussi fortement la conscience publique.
Dans le nouveau système, les rapports de maître à sujet se résol-
vaient en un règlement d'intérêts purement matériels. Rien dans
cet état de choses n'était ouvertement en contradiction avec les
principes de la doctrine religieuse, et les privilégiés, qui y trouvaient
d'incomparables avantages, ne devaient plus désormais lutter que
pour en assurer le maintien. Ils avaient bien pu naguère, sans
grand dommage pour leur intérêt sagement entendu, multiplier les
affranchissements. Les sacrifices, dans ce genre de libéralités, por-
taient principalement sur le droit honorifique, et même il n'était pas
rare que cette perte fût compensée par un don en numéraire et surtout
par l'établissement de droits utiles à perpétuelle durée, autrement
avantageux que de simples satisfactions d'amour-propre. Désormais
les concessions ne pouvaient plus se faire sans diminution appré-

(1) *Chartes communales et franchises locales du département de la
Creuse*, par L. *Duval* (annexe au *Bulletin* de la *Société des Sciences
naturelles et archéologiques de la Creuse*) : actes d'affranchissement,
p. 153-160.

(2) *Inventaire des Archives de la Creuse* : Reconnaissance de ses
devoirs par un mortaillable en 1416 (H. 124).

ciable de patrimoine, et parfois même sans péril pour les moyens
d'existence ; fréquemment en effet les rentes servies par les
mortaillables constituaient pour les gentilshommes de la province,
en général peu fortunés, le produit le plus net de leur revenu.

La population cependant ne pouvait se tenir indéfiniment pour
satisfaite des améliorations réalisées. Les misères d'un passé qu'elle
n'avaient pas connu furent vite oubliées ; les abus du présent ne tar-
dèrent pas à frapper seuls ses regards, et leur suppression devint
naturellement le but où ne cessèrent plus de tendre ses efforts. La
masse des habitants, qui n'entendait rien aux subtilités juridiques,
persista à ne voir dans les mortaillables que des serfs et ne les
désigna jamais sous un autre nom. Peu à peu, l'opinion publique
commença à obtenir satisfaction. En la circonstance, elle trouva
son plus précieux auxiliaire dans les magistrats, qui, généralement
d'origine bourgeoise, saisirent avec empressement l'occasion de
molester une noblesse souvent dédaigneuse pour eux et dont ils
jalousaient les privilèges. La jurisprudence a une tendance marquée à
interpréter la Coutume dans le sens le plus favorable aux intérêts
du mortaillable (1). Elle tenait grand compte des questions de fait
pour réduire les avantages auxquels, en droit strict, pouvaient prétendre les seigneurs ; notamment, elle se plaisait à susciter des
entraves à la saisine des successions. Elle accueillait aussi volontiers
les demandes en réduction de tailles (2) ; toutefois, les tribunaux
ne devaient être que rarement saisis de ces sortes d'affaires (3), car

(1) Couturier de Fournoue, p. 95, 98-99, 101-103, 109, 110.

(2) *Inventaire des Archives*, E. 1001.

(3) Si on avait tenu un compte rigoureux de la prescription légale
qui ne voulait pas que la perception de la taille aux quatre cas expo-
sât les mortaillables à la misère, la taxe n'eût pas le plus souvent été
levée ou elle eût été réduite à des chiffres insignifiants. Il était loin
d'en être ainsi On trouve dans l'*Inventaire* des cotes de 6 livres à
35 livres. Rapprochées du prix du salaire des ouvriers, ces sommes
semblent excessives : deux maîtres maçons s'engagent à aller travail-
ler à Troyes en Champagne à raison de 14 sous par jour et le loge-
ment ; deux ouvriers maçons traitent à forfait pour l'année entière
moyennant 25 livres et une paire de souliers, apparemment le loge-
ment et la nourriture en plus. A Felletin, les ouvriers tapissiers

les tenanciers ne pouvaient manquer d'être habituellement en retard pour le paiement des charges courantes, et un succès sur un droit passager les eut exposés, par un triste retour, à de dures représailles.

En doctrine, on retrouve le même esprit qu'en jurisprudence (1). Un auteur ayant prétendu que l'entrée en religion d'une fille donnait, au même titre que son mariage, ouverture au droit de taille, Couturier de Fournoue combat vigoureusement cette opinion, et aux arguments juridiques ne craint pas d'ajouter des considérations de pur sentiment. Il fait valoir la commune réprobation contre les taxes de cette nature : « *o 'iosa restringenda* », fait-il remarquer dans ses conclusions (2).

Dans cette voie, on alla, en fait, jusqu'à suspecter l'absolue qualité de propriétaire au seigneur. L'art. 146 porte expressément que le mortaillable « ne peut vendre, donner, surcharger ni autrement aliéner », *sans le congé du seigneur*, l'héritage qu'il tient en serve condition. Il fut néanmoins reconnu, pour des raisons *d'équité*, qu'un créancier légitime du mortaillable pouvait faire saisir réellement le bien serf et le faire vendre par décret en justice. Cet usage avait été introduit, est-il dit, « pour maintenir quelque crédit aux hommes « serfs, lesquels, sans cela, ne pourraient rien trouver à emprunter « pour leurs besoins les plus pressans, tels que leurs alimens et « habillemens pour eux et leurs enfants ou gens de leur famille (3). » D'ailleurs, dans ce cas d'aliénation forcée, l'acquéreur de l'héritage payait au seigneur le droit de tiers denier qui lui était dû, dans les ventes immobilières, en tout état de cause. Dans l'espèce, l'aliénation se faisait au mépris du droit d'opposition que la coutume accordait au seigneur. Mais, de toutes les audaces de la jurisprudence, la plus

---

gagnaient de 5 à 10 sous par jour, sans être nourris. J'ai rencontré des notes où la journée de l'ouvrier travaillant la terre était taxée à 8 sous.

(1) Couturier de Fournoue, p. 95, 98, 99, 101, 102, 103, 109, 110.

(2) Couturier de Fournoue, p. 86.

(3) *Ibid.*, p. 98-99.

grande, sans contredit, est d'avoir affecté la terre servile à la garantie de la dot de la femme, et d'en avoir, par suite, autorisé l'aliénation dans le cas d'insolvabilité de la succession du mari (1). Après avoir fait fi de son droit d'opposition, on ne craignait pas d'exposer le seigneur à perdre sa part dans le prix des ventes. C'était expressément reconnaître au mortaillable la qualité de propriétaire, et la Révolution, qui trouva le principe établi, n'eut plus qu'à en appliquer jusqu'au bout les conséquences.

Il n'est pas douteux que certaines dispositions onéreuses de la Coutume étaient, de bonne heure, tombées en désuétude ; les droits dits de « queste courant et double d'août » n'étaient jamais exigés (2). On a vu plus haut que l'on ne se prévalait pas de la prescription pour faire reconnaître judiciairement la servitude d'une terre. Fréquemment aussi, des seigneurs devaient se trouver fort empêchés d'utiliser toutes les corvées qu'ils étaient en droit d'exiger : gentilshommes peu fortunés en général, ils n'avaient que faire d'une troupe de bouviers pour aller chercher leurs provisions de vin en Berry, en Bourbonnais ou en Périgord (3). Si enfin des accomodements n'avaient pas été possibles, comment les milliers de maçons qui, de temps immémorial, quittaient chaque année leur pays, auraient-ils pu, en toute liberté, aller exercer leur métier dans les provinces les plus éloignées, et même jusqu'en Espagne, si l'on en croit le mémoire de l'Intendant Jacques Le Vayer sur la généralité de Moulins (4).

(1) *Ibid.*, p. 109-110. — Cette sage jurisprudence paraît bien avoir été particulière à la Marche, car Voltaire signalait le défaut de garantie hypothécaire pour la restitution de la dot de la femme comme un des vices les plus choquants du régime servile *(Mémoire pour l'entière abolition de la servitude en France)*.

(2) *Ibid.*, p. 81-82.

(3) *Inventaire des Archives* (C. 366). — « Il n'y a pas quatre gentils- « homme dans la province qui aient 10,000 livres de rente, et dix qui « aient 3,000 livres de rente. Le seigneur ou son fermier est obligé de « vendre son blé à crédit au premier qui vient le demander ;... sou- « vent le seigneur n'est pas payé de la moitié du blé qu'il est contraint « de prêter ; » etc.

(4) Les tenanciers demeurant à une certaine distance de la résidence seigneuriale étaient dispensés de *l'arban*, qui consistait en la prestation d'une journée de travail par semaine (art. 135 de la Coutume).

Tous le moyens étaient jugés bons pour miner l'autorité des seigneurs. Une morale facile faisait considérer comme de bonne prise tout ce que l'on pouvait soustraire à leurs revendications, même les moins discutables au point de vue légal. Les empiètements, de plus en plus nombreux, devenaient aussi de moins en moins dissimulés. Encouragés par la tolérance dont les couvraient les tribunaux, les tenanciers s'ingéniaient à tourner par la ruse les prescriptions gènantes de la Coutume, et, si besoin en était, n'hésitaient pas à les braver de front. Au surplus, dans les tabellions, ils trouvaient facilement des complices et des conseillers : un mortaillable, qui se sentait menacé de mort prochaine, pour disposer de sa terre servile au profit d'un proche parent, lui en passait fictivement acte de vente (1). Tel autre, dans de semblables conditions, pour sauver au moins la partie mobilière de sa succession, vendait les bestiaux qui garnissaient le domaine, et faisait enlever les grains et les meubles ; au seigneur qui protestait contre ces manœuvres, l'avocat répondait : « vous n'êtes pas en droit de prévenir cet enlè« vement, ni faire des diligences en justice pour les empêcher « durant la vie de ce particulier (2). » Un troisième imaginait de se faire transporter en un lieu de franche condition ; un procès s'en étant suivi, le présidial donna gain de cause aux héritiers du mortaillable contre le seigneur, qui, non sans quelque apparence de raison pourtant, leur reprochait d'avoir usé d'une manœuvre dolosive pour le frustrer de ses droits aux biens meubles laissés par le défunt (3).

Nous citerons encore, en terminant, comme cause appréciable de diminution des tenures serviles, l'abandon dans lequel bon nombre de gentilshommes laissaient l'administration de leur fortune, parfois par insouciance naturelle, souvent aussi pour l'accomplissement de leurs obligations militaires. Cette négligence servait en effet singulièrement les aspirations des mortaillables, toujours en quête d'une occasion de saisir leur indépendance.

(1) *Inventaire des Archives* (H. 110).
(2) *Id.* (E. 1081).
(3) Couturier de Fournoue, p. 95-96.

Les choses en étaient là au XVIIIᵉ siècle. Les efforts réunis de l'opinion et des doctrines philosophiques et sociales nouvelles avaient bien amorti l'excessive âpreté de certains principes, mais n'avaient pas, somme toute, changé l'économie générale du régime servile. Dans le domaine de la théorie, il est vrai, sa condamnation était prononcée, mais dans quel délai ce jugement pouvait-il être ramené à exécution par la seule action du temps ? Les leçons du passé disent assez que l'ajournement, dans ces conditions, eût été indéfini. La suppression radicale s'imposait pourtant comme la plus impérieuse nécessité. Elle fut votée avec enthousiasme dans la nuit du 4 août. Parmi tous les titres de l'Assemblée nationale, il n'en est aucun de plus grand à la reconnaissance de notre pays.

F. AUTORDE.

www.ingramcontent.com/pod-product-compliance
Lightning Source LLC
Chambersburg PA
CBHW050416210326
41520CB00020B/6626